Die Heldenreise

Von der Geschichte zum Abenteuer der Selbsterkenntnis

© 2020 Thomas Herold

FSC
www.fsc.org

MIX

Papier aus ver-
antwortungsvollen
Quellen
Paper from
responsible sources

FSC® C105338

Die Heldenreise

Von der Geschichte zum Abenteuer der Selbsterkenntnis

Revision 1.10

Impressum

Umschlaggestaltung, Illustration: Thomas Herold
Lektorat: Klaus Schepers
Korrektorat: Susanne Wörz

Herstellung und Verlag: BoD - Books on Demand, Norderstedt

ISBN Paperback: 9783750498662
ASIN e-Book: B08DJDPL5J

Bibliografische Information der Deutschen Nationalbibliothek:
Die Deutsche Nationalbibliothek verzeichnet diese Publikation in der Deutschen Nationalbibliografie; detaillierte bibliografische Daten sind im Internet über http://dnb.d-nb.de abrufbar.

Inhalt

Über den Autor

Thomas Herold, Jahrgang 1963, lebte bis 1997 in Freiburg im Breisgau. Er studierte Elektrotechnik mit Schwerpunkt EDV, und gründete mit 21 seine erste Firma im Bereich Softwareentwicklung.

Seine Liebe galt allerdings schon in frühen Jahren der Metaphysik, und seine Reisen durch Indien prägten seinen weiteren Werdegang. Mit seiner nächsten Firma widmete er sich der Astrologie und erstellte eines der meist verkauften Programmpakete Astro Star im Europäischen Raum.

Danach hat er sich für 20 Jahre in den USA (Hawaii & Kalifornien) angesiedelt, und veröffentlichte über 35 Bücher für den Finanzmarkt. Durch die Finanzkrise in 2008 hat er tiefe Einblicke in das Finanzgeschehen erhalten, und seinen ersten Bestseller 'Money Deception' geschrieben.

Es folgte ein Finanzlexikon Serie mit 16 Titeln, die über 1000 der wichtigsten Begriffe aus dem Finanzwesen ausführlich beschreiben. Sein zuletzt publiziertes Buch 'High Credit Score Secrets' zeigt die Strategien für das Erreichen einer optimalen Kreditwürdigkeit auf.

Seit 2016 ist er wieder in Freiburg in Breisgau und schreibt metaphysische Kurzgeschichten. „Einsteins wichtigste Erkenntnis" ist seine erste Kurzgeschichte aus der Welt der Metaphysik.

Thomas Herold ist nicht nur Autor, sondern auch begeisterter Tangotänzer. Er ist Mitglied im Citizen Circle, einer Community für ortsunabhängiges Arbeiten, kreative Selbstständigkeit und persönliche Weiterentwicklung.

Weitere Informationen zum Autor und seinen Büchern gibt es unter: thomasherold.com oder auf amazon.de.

„Ich wollte ja nichts als das zu leben versuchen,
was von selber aus mir heraus wollte. Warum war das
so schwer?" – Hermann Hesse

W as haben fast alle Filme und Romane gemeinsam? Eine Geschichte oder Handlung. Etwas genauer betrachtet, sehen wir in Geschichten, die erzählt werden, immer die grundlegende Thematik von Gut und Böse, welche die Dramatik der Geschichte erzeugt. Es sind die üblen Charaktereigenschaften des Verräters, die uns berühren, fesseln und auch in Rage versetzen.

Es sind die Ideale, Vorhaben und grandiose Pläne, die problematisch sind oder vollkommen scheitern. Ohne jegliches Drama, das Spannung erzeugt, wird der Inhalt einer Geschichte schnell fade und langweilig.

Niemand sieht sich einen Krimi an, in dem es nicht mindestens einen Bösewicht gibt. Niemand liest einen Roman, in dem die Charaktere alle makellos sind und sich bestens untereinander verstehen.

Es braucht den Konflikt!

Selbst in einem Liebesroman muss es zu Auseinandersetzungen – im trivialsten Fall – zumindest zu Meinungsverschiedenheiten in der Beziehung kommen.

Wir Menschen sind überaus emotionale Wesen und im Grunde nur wenig rational – auch wenn wir häufig glauben das Gegenteil sei der Fall. Emotionen sind eine Sprache, die jeder Mensch versteht, egal auf welchem Kontinent der Welt, egal wie alt wir sind. Weinen, Lachen, Trauern, Jubeln lösen in jedem von uns eine Reaktion aus – Gefühle sind ansteckend!

Warum Geschichten uns seit Jahrtausenden in den Bann ziehen, und warum Ihr Leben die perfekte Geschichte ist, werden Sie in diesem Buch erfahren.

Geschichten – so alt wie die Menschheit selbst

Geschichten gab es bereits lange vor ihrer Aufzeichnung. Form und Art des Erzählens haben sich im Laufe der Jahrhunderte drastisch verändert. Von der Höhlenmalerei über die Sagen und Märchen, bis hin zu Romanen und Filmen haben Geschichten die Menschheit schon immer fasziniert.

Obwohl sich die Ausdrucksmittel immer wieder geändert haben, bleibt der Wunsch Geschichten zu erzählen und zu hören unverändert. Geschichten haben nach wie vor großen Einfluss darauf, wie wir nicht nur unser eigenes, sondern auch das Leben an sich betrachten.

Schon immer benötigten Menschen eine Möglichkeit sich an Kriege und Tragödien, aber auch an tapfere Taten zu erinnern. Anstatt nur zu erzählen, was passiert ist, entstanden Geschichten um die Emotionen mit der Abfolge der Ereignisse zu verbinden, und sie dadurch zu bewahren.

Geschichtenerzähler besaßen die wertvolle Fähigkeit, Geschichten effektiv und einprägsam zu erzählen, und waren deshalb äußerst wichtige Persönlichkeiten in einer Gemeinschaft.

Unsere Vergangenheit ist nichts anderes als eine Aufzählung von Geschichten, die uns Einblicke in eine Vielzahl von menschlichen Erfahrungen geben, oder uns einfach nur unterhalten.

Jede Geschichte dient einem Zweck, auch wenn sie nur eine Nachricht weiterleitet. Ohne aufgezeichnete Geschichten würde die Menschheit niemals aus ihren Fehlern lernen, niemals davon träumen vergangene Heldentaten zu verinnerlichen, und sie würde niemals etwas anderes als das Jetzt sehen.

Wir wären ahnungslos hinsichtlich der Vergangenheit und daher hilflos angesichts unsere Zukunft.

Höhlenbewohner erzählten die ersten Geschichten

Der Ursprung[1] Geschichten zu erzählen reicht Jahrtausende zurück. Höhlenbewohner benutzten bereits einfache Pigmente aus Pflanzen und Früchten, um mit ihren Händen Geschichten und Mythen auf den Wänden für andere festzuhalten. Die alten Griechen ritzten ihre Sprache in Mauern, um damit Geschichten zu erzählen und zu erhalten.

Die Chauvet-Höhle[2], die sich in den Bergen Südfrankreichs befindet, enthält unvergleichlich gut erhaltene Höhlenzeichnungen, die sich etwa 30.000 Jahre zurückdatieren lassen. An einigen der Wände fanden Archäologen Gemälde, die eine prähistorische Zeit darstellen.

Höhlenzeichnungen erzählen Geschichten über die Begegnung mit Mammuts, Löwen und Nashörnern. Einige dieser Bilder geben Aufschluss über die täglichen Aktivitäten. Wie man z.B. mit einfachen hausgemachten Werkzeugen jeden Teil eines Tieres verwertet, um überleben zu können. Auf diese Weise konnten Menschen schon damals ohne den Gebrauch von Sprache und Schrift kommunizieren.

Die erste gedruckte Geschichte – das Epos von Gilgamesch – entstand in Mesopotamien um 700 v. C. und verbreitete sich von dort in andere Teile Europas und Asiens.

Die großen philosophischen Themen der Menschheit: Macht, Liebe[3], Trauer, Unsterblichkeit vermischen sich mit Spannung und Spiel. Dieses Epos wurde für alle sichtbar auf Steinsäulen geschnitzt, weshalb es sich sehr schnell verbreitete.

Auch im alten Ägypten wurden Hieroglyphen verwendet, um Geschichten auszudrücken. Kaum eine antike Schrift löst einen solch rätselhaften Zauber beim Betrachter aus. Die Ägypter schafften es bereits sehr früh das Bezeichnende eines Wesens in wenigen Strichen einzufangen. Etwas, das viele Künstler später über Jahre hinweg zu entwickeln versuchten.

Die Hieroglyphensprache ist etwa 5.000 Jahre alt und gilt als eines der frühesten Schriftsysteme der Welt. Sie wurde nicht nur für religiöse Dokumente verwendet, sondern auch um Gräber und Tempel mit Botschaften auszustatten, um sie damit für zukünftige Zivilisationen zu erhalten.

Da der Mensch über eine starke visuelle Wahrnehmung verfügt, sind Zeichnungen immer eine wirksame Möglichkeit Geschichten über das Leben festzuhalten.

Die Dichtkunst – Homers Ilias und Odyssee

Homer[4] war ein griechischer Dichter, der vor etwa 2800 Jahren gelebt hat. Er beschreibt in seinem Werk die Abenteuer des griechischen Königs von Ithaka und dem Seefahrer Odysseus während des trojanischen Krieges. Auf seiner 20-jährigen Heimreise mussten Odysseus und seine Gefährten dem betörenden, todbringenden Gesang der Sirenen widerstehen und trotz Zyklopen, Nymphen und Zauberinnen auf ihrem Weg bleiben.

Homers größter Verdienst ist die schriftliche Fixierung: Er hat sein Werk aufgeschrieben, was damals keine Selbstverständlichkeit war. Dadurch konnten nicht nur seine Zeitgenossen, sondern auch wir heute noch in den Genuss seiner Dienste kommen.

Durch das Hexameter[5] – das rhythmische Versmaß der Homerschen Epen – sind die Texte leichter zu lernen und können so auch über große Zeiträume hinweg weitergegeben werden.

So ist es also durchaus möglich, dass die Sage von Troja über mehrere Jahrhunderte hinweg nicht verändert wurde.

Die alten Griechen entdeckten Möglichkeiten, mit ihren Werkzeugen Nachrichten in Gräber und Schiefer zu schnitzen. Ihre Geschichten wurden über Jahrtausende nur mündlich weitererzählt. Die Griechen sind die erste bekannte Zivilisation, die das Schreiben entwickelte und Geschichten schriftlich festhielt.

Sie schrieben bereits Nachrichten und verfassten Gedichte. Sie benutzten Tiere, unter anderem Tauben, um dringende Nachrichten zu übermitteln – meistens in Zeiten von Trauer, Krieg und Festlichkeiten.

In den nächsten Jahrhunderten entwickelte sich die Kunst des geschriebenen Wortes und des Erzählens zu zusammenhängenden Werken wie dem der Bibel. Die christliche Bibel ist das am häufigsten[6] gedruckte und publizierte und in die meisten Sprachen übersetzte schriftliche Werk der Welt. Sie enthält Geschichten, Mythen und Legenden über Könige, Götter und Propheten. Es waren Geschichten und Lektionen mit religiösem Inhalt, die Menschen bis dahin nur mündlich weitergegeben hatten, bevor sie aufgeschrieben wurden.

William Shakespeare[7] wurde 1564 geboren, und ist zweifellos der weltbekannteste englischsprachige Schriftsteller, Schauspieler und Dichter.

Obwohl sein Leben nach heutigen Maßstäben nur kurz war – er starb bereits mit 52 Jahren – schrieb er 37 Bühnenstücke, darunter die berühmten Tragödien Hamlet und Romeo und Julia.

Shakespeare war ein Meilenstein für die Entwicklung und den Ausdruck des Geschichtenerzählens, da seine Arbeit so umfangreich, und vor allem für alle zugänglich war. Bis heute ist Shakespeare der meistgespielte Dramatiker aller Zeiten.

Die Märchen entstehen – nicht nur für Kinder

Nicht allzu lange nach der Ära von Shakespeare tauchten in Frankreich die ersten Geschichten in Märchenform auf. Diese Geschichten wurden hauptsächlich für Kinder geschaffen, um ihnen grundlegende Lektionen für das Leben zu vermitteln.

Wenn wir schon von Märchen sprechen, dann sind Ihnen bestimmt die beiden Hanauer Brüder Jacob und Wilhelm Grimm[8] bekannt. Sie wurden 1785 und 1786 im hessischen Hanau geboren. In Marburg begannen sich die beiden für die deutsche Sprache und Literatur zu interessieren.

Im Jahre 1812 erschienen ihre gesammelten Märchen erstmals als Buch. Dornröschen, Schneewittchen, Hänsel und Gretel und viele andere Geschichten wurden weltbekannt. Sie wurden in mehr als 170 Sprachen übersetzt.

Übrigens war Jacob der Ansicht, dass Märchen nicht ausschließlich für Kinder geschrieben werden sollten. Märchen fand er, waren ein geeignetes Mittel der Unterhaltung – vor allem für die einfachen und armen Leute. Viele von ihnen konnten nicht lesen oder schreiben, aber hatten dennoch ein Bedürfnis nach magischen, fantastischen und abenteuerlichen Geschichten.

Die berühmten Erzählungen aus ‚1001 Nacht‘ gelten als das populärste literarische Werk des Orients.

Durch die Übersetzung des französischen Orientalisten Jean-Antoine Galland[9] aus dem Persischen, wurden diese Märchen einem breiten europäischen Publikum zugänglich. Scheherazade ist eine Hauptfigur der altpersischen Märchensammlung aus ‚1001 Nacht‘ und Geschichten wie ‚Sindbad der Seefahrer‘, ‚Ali Baba und die vierzig Räuber‘ und ‚Aladin und die Wunderlampe‘ setzten die Geschichten der schönen Scheherazade dramatisch in Szene.

Forscher der Universitäten Durham und Lissabon stellten fest, dass Märchen wie ‚Die Schöne und das Biest‘ sich Jahrtausende zurückverfolgen lassen. Sie untersuchten Verbindungen zwischen Geschichten aus der ganzen Welt und fanden heraus, dass einige prähistorische Wurzeln hatten. Die Forscher entdeckten außerdem, dass viele Geschichten älter waren als die frühesten literarischen Aufzeichnungen – eine von ihnen stammt sogar aus der Bronzezeit.

Eine genaue Analyse ergab, dass ‚Die Schöne und das Biest‘ und ‚Rumpelstilzchen‘ etwa 4.000 Jahre alt sind. Die bekannte Volksgeschichte ‚der Schmied und der Teufel‘, in der es um einen Schmied geht, der seine Seele in einem Pakt mit dem Teufel verkauft, um übernatürliche Fähigkeiten zu erlangen, wurde auf die Bronzezeit vor 6.000 Jahren zurückdatiert.

Unter dem Titel ‚Das kalte Herz‘ hat das SWR-Fernsehen[10] die Geschichte im Jahr 2016 neu aufgelegt. Eine neuzeitliche Verfilmung aus dem Jahr 2018 ist unter dem Titel ‚Errementari‘ auf Netflix[11] zu sehen.

Die Geschichten werden zur Massenware

Der nächste große Meilenstein in der Geschichte der Kommunikation war die Einführung des Massendrucks, mit dem Nachrichten und andere Informationen für alle leichter zugänglich wurden. Johannes Gutenberg gilt als Erfinder der Druckmaschine im 15. Jahrhundert, aber bereits 600 Jahre vor Gutenberg schufen chinesische Mönche einen Mechanismus, bei dem Tinte mit Holzklötzen auf Papier gebracht wurde.

Der Einsatz von Technologie hat dramatisch die Art und Weise geprägt, wie wir mit anderen im Austausch stehen und wie wir Geschichten erzählen.

Ab dem Jahr 1800 hat die Technologie zur Erfindung von Fotografie, Filmen, Telefonen, Radio, Fernsehen, digitalen Medien, mobilen Medien und sozialen Medien beigetragen.

Die derzeit einflussreichste Form der Kommunikation sind die sozialen Medien wie Facebook, Twitter und Instagram. Geschichten reduzieren sich durch diese Neuen Medien auf ein absolutes Minimum, verbreiten sich allerdings über das Internet mit nahezu Lichtgeschwindigkeit. Diese Medieninhalte – ein neues Kulturphänomen – fassen wir unter dem Begriff ‚Meme‘ zusammen.

Wir alle sehnen uns nach Geschichten, weil sie es uns ermöglichen, mit den Charakteren zu sympathisieren. Dadurch werden in unserer Seele die Urbilder und die Symbolik des Lebens angesprochen – die tiefste Ebene der Kommunikation.

Spiegelneuronen schenken uns die Gabe der Empathie

Einer guten Geschichte mit Gleichgültigkeit zu begegnen ist für die meisten Menschen unmöglich, weil Geschichten eine Flut von Emotionen auslösen, denen unser Gehirn höchste Priorität einräumt.

Im Jahr 1992 entdeckte ein Forschungsteam der Universität Parma unter Giacomo Rizzolatti[12] bei Versuchen mit Affen zufällig das

Spiegelneuronen-Phänomen. Rizzolatti wies nach, dass im Gehirn eines Affen die gleichen neuralen Prozesse ablaufen – egal, ob er ein eigenes Verhalten zeigt oder dieses nur beobachtet.

Sicherlich haben Sie schon einmal die Situation erlebt, dass Sie automatisch gähnen müssen, als Ihr Gegenüber auch gähnte? Es lächelte Sie jemand in der Straßenbahn an, und ohne nachzudenken, lächeln Sie zurück. Wenn wir eine traurige Szene im Film sehen, können wir unsere Tränen nicht einfach unterdrücken.

Empfindungen wie Mitleid, Trauer oder Freude eines anderen übertragen sich auf uns. Körpereigene Botenstoffe wie das Glückshormon Dopamin, das Stresshormon Cortisol und das Kuschelhormon Oxytocin werden ausgeschüttet, und führen zu körperlichen und psychischen Reaktionen. Es sind die Spiegelneuronen in unserem Hirn, die dafür verantwortlich sind.

Auch unsere Einstellung zum Lernen und dem daraus resultierenden Lernverhalten wird durch diese Spiegelneuronen[13] stark beeinflusst. Sie sind ein Resonanzsystem im Gehirn, das Gefühle und Stimmungen anderer Menschen erkennt. Die Nervenzellen reagieren genauso, als ob man das Gesehene selbst ausgeführt hätte!

Wenn wir die Saite einer Gitarre anschlagen, dann können wir bei einer in der Nähe stehenden zweiten Gitarre beobachten, dass die gleiche Saite dort mitschwingt. Dieses Phänomen bezeichnet man als Resonanz. Genau so funktionieren Spiegelneuronen.

Unsere Fähigkeit Mitgefühl, Freude, aber auch Leid und Schmerzen zu empfinden, wird dadurch erst möglich gemacht. Mit dieser Begabung können wir mit unserer Umwelt in Resonanz treten.

Der Held in tausend Gestalten

Der amerikanische Mythenforscher Joseph Campbell[14] (1904-1987) gilt als der Urheber und Begründer der ‚Heldenreise‘. Schon als Kind faszinierten ihn die Geschichten und Mythen der Indianer. Im Laufe seines Lebens studierte er eine Unmenge von Geschichten aus unterschiedlichsten Kulturen und verglich sie miteinander.

Es war eine Reise durch die mythologischen Traditionen der Welt, von den alten Ägyptern über die Römer, die hinduistischen und buddhistischen Legenden des Ostens bis hin zu den Volksmärchen und Gründungsmythen der indigenen Völker Amerikas und Ozeaniens.

Er entdeckte dabei, dass alle Geschichten vergleichbare Strukturen und Symbole enthielten, unabhängig davon wo auf der Welt sie erzählt wurden. Zuletzt erkannte er, dass eine Geschichte immer wieder in unterschiedlichen Varianten erzählt wird: ‚Die Heldenreise‘.

Campbell war davon überzeugt, dass wir von Mythen lernen können. Sie zeigen uns durch Symbole – häufig in versteckter Form – unseren eigenen weltlichen und spirituellen Weg. Jeder Mensch ist im Grunde auf seiner eigenen Heldenreise – er hat seine eigenen Abenteuer zu bestehen und muss gegen seine eigenen Drachen kämpfen. Alle großen Krisen in unserem Leben, wie z.B. der Verlust eines geliebten Menschen, der Umgang mit Krankheit, oder die Herausforderungen am Arbeitsplatz sind archetypische Erfahrungsbilder, welche in der Heldenreise zum Ausdruck kommen.

> *„Das Privileg Deines Lebens ist es, Du selbst zu sein."* - Joseph Campbell

Dieter Herbst[15] schreibt in seinem Buch Storytelling[16], dass Mythen historisch auch immer eine Funktion hatten: Die Abstammung von Herrschergeschlechtern wurde aufgegriffen, um deren Führungsanspruch zu untermauern. Ebenso dienten Geschichten über Götterfamilien dazu, um das Wir-Gefühl von Stämmen zu festigen.

Mythen erzählen, wer in der Götterwelt herrscht, welche Beziehungen die Götter zueinander, aber auch mit den Menschen haben. Göttergeschichten faszinieren uns, weil sie über das Mögliche und Machbare hinausgehen: Götter erscheinen unberechenbar und grausam, sie erschaffen Wunderbares, aber zerstören auch Geschaffenes.

Die 17 Stationen einer Heldenreise nach Campbell

In seinem 1949 erschienen Buch ‚Der Heros in tausend Gestalten[17], nennt Campbell diese archetypische Grundstruktur den ‚Monomythos'. Sein Buch erläutert die Stadien der Heldenreise anhand vieler alter Sagen und Mythen. Anhand der Tiefenpsychologie nach Sigmund Freud und Carl Gustav Jung erklärt er die 17 Schritte auf der Reise des Helden, und deren tiefere Bedeutung.

- Der Aufruf zum Abenteuer
- Ablehnung des Aufrufs
- Übernatürliche Hilfe
- Überschreiten der Schwelle
- Bauch des Wals
- Die Straße von Studien
- Das Treffen mit der Göttin
- Die Frau als Verführerin
- Versöhnungstag mit dem Vater
- Apotheose (Vergöttlichung)
- Der ultimative Segen
- Ablehnung der Rückkehr
- Der magische Flug
- Rettung von Außen
- Die Überquerung der Rücklaufschwelle
- Meister aus zwei Welten
- Freiheit zu leben

Die Odyssee des Drehbuchschreibers

Christopher Vogler – Autor, Dozent und Leiter der Stoffentwicklungsabteilung von Twentieth-Century-Fox hat Ende der Achtzigerjahre diese Erkenntnisse in seinem Buch ‚Die Odyssee des Drehbuchschreibers'[18], auf das Drehbuchschreiben übertragen.

Er hat aber nicht nur das Drehbuchkonzept der Heldenreise entworfen, sondern auch die Archetypen-Lehre von C.G. Jung integriert. Dadurch bekommt die Heldenreise ein zusätzliches Element der Spannung.

Archetypen manifestieren sich nach Aussage von Jung im kollektiven Unbewussten, das aus ererbten Grundlagen der Menschheitsgeschichte besteht. Auf ihm beruhen alle entwicklungsgeschichtlich jüngeren Persönlichkeitsstrukturen, wie etwa das Ich.

So wie die Heldenreise ein Ur-Muster darstellt, sind die Archetypen Ur-Typen, die wie die Heldenreise inhaltlich und zeitlich konstant und kulturübergreifend sind. Sie werden also von jedem Menschen überall und zu jeder Zeit verstanden. Das ist auch ein Grund dafür, warum Hollywood-Filme auf der ganzen Welt so erfolgreich sind. Selbst ohne sprachliche Übersetzung werden sie auf der ganzen Welt verstanden.

Eine grundlegende Eigenschaft und eine der Stärken der Heldenreise ist ihre Flexibilität. Es ist möglich einzelne Stationen wegzulassen, was allerdings nicht für alle Abschnitte gilt. Einzelne Passagen können sich auch wiederholen. Beispielsweise kann die Hauptfigur sich mehrmals weigern, die Reise anzutreten oder sie muss mehrere Prüfungen bestehen.

Das Grundmuster der Heldenreise besteht aus zwölf Stadien

1. Die gewohnte Welt
Der Held wird mit einem Mangel in seiner gewohnten Welt bekannt gemacht.

2. Ruf des Abenteuers
Er erhält den Aufruf zum Abenteuer.

3. Weigerung
Aus Angst[19] verweigert er den Aufruf zum Abenteuer.

4. Begegnung mit dem Mentor
Durch die Begegnung mit einem Mentor wird er ermutigt.

5. Überschreiten der ersten Schwelle
Der Held übertritt die Schwelle in eine neue, ihm unbekannte Welt.

6. Prüfungen, Verbündete und Feinde

Auf unseren Held warten Prüfungen, Verbündete und Feinde. Er wird mit seinen Ängsten konfrontiert und muss sie überwinden. Dabei wandelt er sich, und stattet sich mit Fähigkeiten aus, die er für seine weitere Reise braucht.

7. Annäherung an die tiefste Höhle

Der Held wird jetzt mehrmals gefordert, um für den nächsten Schritt vorbereitet zu sein.

8. Entscheidende Prüfung

Der Held muss sich seine neuen Qualitäten beweisen. Symbolisch stirbt er, und wird als neuer Mensch wieder geboren.

9. Belohnung

Er bekommt eine Belohnung.

10. Rückweg

Er macht sich mit seiner Belohnung auf den Rückweg in die gewohnte Welt. Dort warten auf ihn weitere Gefahren und er muss sein neues Ich bewähren.

11. Auferstehung

In der letzten Konfrontation wird er durch die widerstreitende Kraft geprüft. Der Held erlebt den symbolischen Tod und die Auferstehung, und damit seine endgültige Verwandlung.

12. Rückkehr

Mit der Belohnung kehrt unser Held in die gewohnte Welt zurück und teilt sie mit der Gemeinschaft.

Die Sieben Archetypen der Heldenreise

Die Archetypen, die in den meisten Filmen der Hauptfigur auf ihrer Reise zum Helden begegnen, sind:

- Held
- Mentor
- Schwellenhüter
- Herold
- Gestaltwandler
- Schatten
- Trickster

Der Begriff Archetyp wurde vom Psychologen Carl Gustav Jung definiert. Archetypen[20] sind die im kollektiven Unbewussten angesiedelten Urbilder menschlicher Vorstellungsmuster, wobei vor allem elementare Erfahrungen wie Geburt, Ehe, Mutterschaft, Trennung und der Tod in der Seele der Menschen eine archetypische Verankerung besitzen.

Sie haben zu allen Zeiten und in den unterschiedlichsten Kulturen ähnliche Bilder hervorgebracht und gelten als kollektive Menschheitserfahrung.

1. Der Held

Der Held ist unser Protagonist – der zentrale Charakter – dessen Hauptaufgabe darin besteht, sich von der gewöhnlichen Welt zu trennen. Er gibt sich der Reise hin, um die Herausforderungen die ihm gestellt werden zu bewältigen. Dadurch bekommt er seine ‚Themen' beantwortet, kehrt zurück in seine gewöhnliche Welt, und hat am Ende der Reise seinen Frieden gefunden.

Die Reise des Helden kann eine persönliche Herausforderung sein, um sich zu entwickeln. Es kann darum gehen einen Wettbewerb zu gewinnen, eine alte Wunde zu heilen oder die Liebe zu finden. Helden müssen manchmal auch Abenteuer bestehen, bei denen es um das eigene Überleben geht, oder sogar um das Schicksal der Welt.

Der Held muss lernen anderen zu dienen. Er muss von universellen Bedürfnissen getrieben werden: Liebe finden, Erfolg haben, ein Unrecht korrigieren, Gerechtigkeit suchen. Diese Antriebskräfte sind mit den inneren und äußeren Problemen des Helden verbunden, und sie müssen gelöst werden.

Der Held muss nicht immer der Gute sein. Einige unserer liebenswertesten Helden sind tatsächlich Antihelden, gesetzlose und vogelfreie Helden, die nach ihren eigenen Regeln leben und konsequent ‚gegen das System' sind.

2. Der Mentor

Der Mentor bietet Motivation, Einsichten und Training, um dem Helden bei der Überwindung seiner Zweifel und Ängste zu helfen, und ihn auf die Reise vorzubereiten. Der Mentor hat oft diese Reise selbst schon erlebt und kann dem zögerlichen Helden Anweisungen geben, wie er sich dem Unbekannten zu stellen hat.

Wenn der Held sein Engagement beweist, kann der Mentor ihm mit magischen Geschenken belohnen (z. B. eine Waffe, Kleidung, einen Ratschlag oder einen Schlüssel). Dies wird ihm auf der bevorstehenden Reise helfen.

Der Mentor muss nicht immer als eine eigene Figur erscheinen. Der Held kann stattdessen auch von einem inneren Mentor geleitet werden, einem Ehrenkodex, einem Prinzip oder einer Gerechtigkeit, der gedient werden muss.

3. Schwellenhüter

Der Hüter der Schwelle schützt die neue unbekannte Welt und ihre Geheimnisse vor dem Helden, und bietet wichtige Aufgaben um das Engagement und die Entschlossenheit des Helden unter Beweis zu stellen.

Der Held muss diese Hindernisse umgehen, in dem er sie ignoriert, überlistet, überwindet, beschwichtigt oder sich anfreundet.

Schwellenhüter können als Charaktere auftauchen, es kann aber auch eine verschlossene Tür, ein geheimes Gewölbe, ein Tier oder eine Naturgewalt wie z.B. ein Tornado sein.

4. Herold

Der Herold-Archetyp thematisiert die Herausforderung und kündigt bedeutende Veränderungen an, welche jederzeit während der Reise erscheinen können. Er kündigt sich aber meist zu Beginn der Reise an, um das Abenteuer bekannt zugeben.

Es kann auch eine andere Figur die Maske des Herolds tragen. Er kann sich auch als Traum im Helden selbst zeigen, und ihn dazu bewegen seinen Weg zu ändern. Selbst ein Ereignis wie eine Kriegserklärung oder ein Sturm kann der Agenda des Herolds dienen. Er wird in jedem Fall benötigt, um die Herausforderung zu präsentieren und die Geschichte ins Rollen zu bringen.

5. Gestaltwandler

Der Form- oder Gestaltwandler führt den Helden in die Irre, indem die Absichten und Loyalitäten einer der Charaktere versteckt werden. Die Anwesenheit des Gestaltwandlers wirft Zweifel und Fragen im Kopf des Helden auf und kann der Geschichte Spannung geben.

In einer romantischen Geschichte oder Komödie ist der Gestaltwandler oft das andere Geschlecht in der Beziehung.

6. Schatten

Der Schatten kann unsere versteckten Absichten, unsere ungenutzten Ressourcen oder sogar abgelehnten Charaktereigenschaften darstellen. Er kann unsere größten Ängste und Phobien symbolisieren.

Der Schatten ist nicht immer schlecht und kann bewundernswerte, sogar erlösende Eigenschaften offenbaren. Da der Schatten ein Spiegelbild der Eigenschaften des Helden ist, kann er auch positive Eigenschaften darstellen, die der Held möglicherweise unterdrückt oder abgelehnt hat.

Es ist einer der wichtigsten Archetypen[21], da er für die weitere Entwicklung des Helden verantwortlich ist. Er spiegelt dem Helden das, was er selbst nicht an sich sehen will, was er aber integrieren muss, um Heilung zu erfahren.

Der Schatten steht für alle Aspekte des Helden, die noch nicht erkannt und zum Ausdruck gebracht wurden: Ungewissheit, Versagensängste, Schuldgefühle, Neigungen zur Selbstzerstörung, mangelndes Selbstwertgefühl. Jegliche Art von innerem Konflikt, aber auch Überheblichkeit, Machtmissbrauch und Selbstsucht.

7. Trickster

Der Trickster-Archetyp wünscht sich die Veränderung des gegenwärtigen Zustands und findet Freude daran sie zu stören. Er verwandelt die gewöhnliche Welt in Chaos.

Der Trickster benutzt Humor, um die Charaktere auf die Absurdität der Situation hinzuweisen. Er möchte, dass sie ihre Lebensumstände erkennen, und eventuell eine Änderung erzwingen. Der Held wird gezwungen sein aufgebauschtes Ego[22] zurechtzustutzen, damit er wieder auf den Boden der Wirklichkeit zurückfindet.

C.G. Jung hat insgesamt zwölf solcher Archetypen definiert, aber Christoph Vogler hat nur sieben von ihnen als bedeutend für das Drehbuch der Heldenreise übernommen. Vielleicht lassen sich nicht alle zwölf Archetypen im Film umsetzen, sind schlichtweg unnötig oder komplizieren die Handlung unnötig.

Am besten lassen sich diese zwölf Stufen anhand von zwei der erfolgreichsten Filme aller Zeiten beschreiben – Titanic und Avatar.

Die Heldenreise in den Filmen Titanic und Avatar

Titanic ist ein US-amerikanisches Spielfilmdrama aus dem Jahr 1997 unter der Regie von James Cameron. Die Geschichte erzählt die Jungfernfahrt der Titanic im Jahr 1912. Der Film gewann elf Oscars, und spielte weltweit über 1,8 Mrd. US-Dollar ein.

Titanic belegte lange Zeit den ersten Platz in der Liste der erfolgreichsten Filme, bis er 2009 durch ‚Avatar – Aufbruch nach Pandora‘ abgelöst wurde.

Avatar ist wie Titanic ein US-amerikanischer Film und wurde ebenfalls vom Regisseur James Cameron inszeniert. Avatar spielte weltweit über 2,78 Milliarden US-Dollar ein und war damit bis heute einer der erfolgreichsten Filme weltweit.

Die Produktion von Avatar war ein gewaltiges Unterfangen, bei dem Cameron die Grenzen des filmisch Machbaren auslotete, und 3-D als Filmtechnologie der Zukunft etablieren wollte.

Wenn wir schon über die erfolgreichsten Filme[23] aller Zeiten sprechen, dann möchte ich Ihnen die anderen Filme, die es auf die Bestenliste geschafft haben, nicht vorenthalten:

- Avengers – Endgame
- Avatar
- Titanic

- Star Wars – Das Erwachen der Macht
- Avengers – Infinity War
- Jurassic World
- Der König der Löwen
- Marvels's the Avengers
- Fast and Furious 7
- Frozen 2

Sollten Sie die Filme noch nicht gesehen haben, sind die folgenden Beschreibungen der zwei Filme, und ihrer einzelnen Stadien in Bezug auf die Heldenreise eventuell etwas schwierig nachzuvollziehen. Überspringen Sie einfach die nächsten zwei Kapitel, oder besser noch, schauen Sie sich die beiden Filme an.

Selbst wenn Sie die Filme schon einmal gesehen haben – es lohnt sich – sie ein zweites Mal anzusehen. Sie können dadurch die einzelnen Stadien unter dem Gesichtspunkt der Heldenreise erkennen und besser verstehen.

Die zwölf Stadien der Heldenreise anhand von Avatar

1. Gewohnte Welt

Unser Held ist Jake Sully, der an den Rollstuhl gebunden ist – unfähig in seinem Leben Karriere zu machen. Er ist körperlich, geistig und finanziell am Ende. Es geht ihm schlecht, aber er hat kein Selbstmitleid. Er vermisst eine seelische Verbindung zum Leben.

2. Ruf des Abenteuers

Jakes Abenteuer beginnt, als er gebeten wird, den Platz seines Bruders im Militär einzunehmen. Jake sagt von sich selbst: „Alles, was ich jemals in meinem traurigen Leben wollte, war eine einzige Sache, für die es sich zu kämpfen lohnt." Dies ist sein Hauptziel und sein moralischer Kompass. Er bekommt vom Oberst des Militärs ein Versprechen: neue Beine im Austausch für Informationen. Ein Dilemma für Jake, denn das einzige was er mehr als alles andere will – seine Beine – ist seine Freiheit.

3. Verweigerung des Rufs

Hier würde die Ablehnung des Anrufs ins Spiel kommen. Jake wehrt sich jedoch nicht wirklich, es steht zu viel auf dem Spiel für ihn. Aber wir werden sehen, wie diese Wendung in seinem Leben später große Probleme verursacht. Im Moment hat er keine Loyalität zu irgendjemandem – er ist gegen die Welt.

4. Begegnung mit dem Mentor

Jake trifft seinen Mentor, die schöne und zauberhafte Neytiri, die ihn in ihre magische Welt mitnimmt. Einige mögen sagen Grace ist seine Mentorin, aber sie hat nicht die Aufgabe ihm alles beizubringen, was er braucht, um ein Mann zu werden.

5. Überschreiten der ersten Schwelle

In der Neuen Welt wird Jake von riesigen wilden Tiere verfolgt. Er wird von Grace getrennt und steht bereits am Anfang seines Abenteuers vor dem möglichen Tod. Aber er ist ein wahrer Kämpfer und verteidigt sich tapfer, bis er nicht mehr kann.

Neytiri hilft ihm aus der Patsche, aber sie ist nicht glücklich darüber. Sie sagt ihm, dass er sich wie ein Kleinkind verhalte. Jake bittet Neytiri um Unterweisung, aber teilt ihm nur mit, dass niemand ihm das ‚Sehen‘ beibringen kann. Neytiri bringt Jake zurück in ihr Lager, wo sie vom Stammesoberhaupt Anweisungen erhält, ihn zu unterrichten. Jake hat an diesem Punkt eine Schwelle überschritten. Er ist bereit seinen Aufruf zum Abenteuer anzunehmen und alles über dieses ihm fremde Volk zu lernen.

Ein Held kann entweder bereitwillig gehen, oder er wird gedrängt. In jedem Fall überschreitet er aber schließlich die Schwelle zwischen der Welt, die er kennt, und der Welt die er nicht kennt.

6. Prüfungen, Verbündete, Feinde

In Jakes zerrütteter Welt werden die Bedrohungen stärker und seine Avatar-Welt ist in Gefahr. Er weiß nicht, wie er die Bedrohung stoppen und die Gefahr abwenden kann. Er verliebt sich in Neytiri und ihre mystische Welt.

Nach Campbells Beschreibung befindet sich der Held in dieser Phase außerhalb seiner Komfortzone. Während dieser Zeit wird er mit immer schwierigeren Herausforderungen konfrontiert, die ihn auf vielfältige Weise auf die Probe stellen. Zahlreiche Hindernisse werden in den Weg geworfen. Dabei kann es sich um physische Hürden handeln oder um Menschen, die dem Fortschritt des Helden entgegenwirken oder seinen Plan vereiteln wollen. Unser Held muss jede Herausforderung bewältigen, die ihm gestellt wird.

7. Annäherung an die Gefahr

Campbell bezeichnete den nächsten Schritt als ‚die Annäherung an die innerste Höhle‘, wobei in unserer Handlung die beiden bereits miteinander verbunden sind. Während der Annäherung an die innerste Höhle trifft der Held auf Verbündete und Feinde und muss sich dabei selbst beweisen.

Die innerste Höhle kann viele Dinge darstellen – einen tatsächlichen Ort oder einen inneren Konflikt, dem sich der Held bisher nicht stellen musste. Für Jake ist die innerste Höhle sein völliges Eintauchen und seine Verbindung zur geistlichen metaphysischen Welt.

Der letzte Schritt ist seine Transformation zum Na'Vi – dem Volk dem Neytiri angehört. Zu seinen letzten Schritten gehört es, sich mit seiner fliegenden Kreatur zu verbinden, und zu guter Letzt die Verkündigung seiner Liebe zu Neytiri.

8. Entscheidende Prüfung

Für unseren Helden steht jetzt der ultimative Test an. Kann Jake sein Zuhause, Pandora, retten? Die entscheidende Prüfung kann eine gefährliche physische Tortur oder eine tiefe innere Krise sein, der sich der Held stellen muss. Er muss überleben damit die Neue Welt, in der der Held lebt, weiter existiert. Er muss auf alle seine Fähigkeiten und Erfahrungen zurückgreifen, die er auf dem Weg zur innersten Höhle gesammelt hat, um diese ultimative Herausforderung zu meistern.

Laut Campbell kann der Held in dieser Phase nur durch eine Transformation – eine Form des Sterbens – wiedergeboren werden. Er erlebt eine metaphorische Auferstehung, die ihm mehr Kraft oder Einsicht verleiht. Es ist notwendig um sein Schicksal zu erfüllen oder das Ende seiner Reise zu erreichen.

Dies ist der Höhepunkt der Heldengeschichte und die Phase, in der der Held alles, was ihm am Herzen liegt, aufs Spiel setzen wird. Wenn er versagt, wird er entweder sterben oder das Leben, wie er es kennt, wird nie wieder dasselbe sein.

9. Belohnung

Jake wird ein großartiger Anführer, als er sich mit dem Geist von To-
ruk – der großen drachenähnlichen Kreatur – verbindet. Er vereint
die Clans, seine Gebete zum ‚Baum der Seelen‘ werden beantwortet
und er rettet Pandora.

Der Held überlebt den Tod und überwindet schließlich seine größte
persönliche Herausforderung. Er verwandelt sich in einen neuen
Zustand, und geht als stärkere Person – oft auch mit einem Preis –
aus dem Kampf hervor. Die Belohnung kann sich in verschiedenen
Formen einstellen: der Besitz oder die Benutzung eines Objekts von
großer Bedeutung, Macht, ein Geheimnis, erweitertes Wissen, grö-
ßere Einsicht oder die Versöhnung mit einem geliebten Menschen
oder Verbündeten.

Der Schatz erleichtert dem Helden die Rückkehr in die gewöhnliche
Welt. Er muss den Schatz allerdings schnell beiseitelegen und sich
auf die letzte Etappe seiner Reise vorbereiten.

10. Der Weg zurück

Für die Reise des Helden ist der Weg zurück wie eine Umkehrung
des ‚Aufrufs zum Abenteuer‘, als er die erste Schwelle überschritt.
Jetzt muss er mit seiner Belohnung nach Hause zurückkehren. Aber
diesmal droht ihm keine Gefahr, sondern ihn erwarten Anerken-
nung, Rehabilitation, Vergebung oder sogar Befreiung.

Für Jake ist der Rückweg kurz – er steht dem letzten Feind gegenüber, und mit Neytiris Hilfe besiegt er ihn.

11. Auferstehung

Der letzte Schritt in Jakes Transformation ist der Tod. Sein menschlicher Körper wird sterben, aber sein Geist wird überleben und er wird als Na'Vi wiedergeboren – das ultimative Geschenk.

In Campbells Schilderung ist dies ist der Höhepunkt der Geschichte, an dem der Held seine letzte und gefährlichste Begegnung mit dem Tod haben muss. Die Bedeutung dieser letzten Schlacht übertrifft bei Weitem die seiner eigenen Existenz. Das Ergebnis hat weitreichende Konsequenzen für seine gewöhnliche Welt und das Leben derer, die er zurückgelassen hat. Letztendlich hat der Held seinen verdienten Erfolg. Er besiegt seinen Feind, und geht geläutert und wiedergeboren aus dem Kampf hervor.

12. Die Lehre / das Elixier

Der Held kehrt mit dem ‚Elixier' einer veränderten Person nach Hause zurück und ist transformiert. Das Elixier mag physisch oder etwas Immaterielles sein, es stellt immer eine Veränderung dar. Er ist als Mensch gewachsen, hat viele schreckliche Gefahren erlebt und sogar den Tod besiegt. Seine Rückkehr kann denjenigen, die er zurückgelassen hat, Hoffnung bringen.

Der Held kann jetzt eine Lösung, oder eine neue Perspektive für die Probleme seiner ‚Gewohnten Welt' aufzeigen. Für Jake ist die gewöhnliche Welt seine neue Heimat. Die Rückkehr signalisiert auch die Notwendigkeit einer Lösung für die anderen Hauptakteure der Geschichte. Letztendlich kehrt der Held nach Hause zurück, aber die Dinge werden nie wieder die gleichen sein.

Die 12 Stadien der Heldenreise am Beispiel der Titanic

1. Gewohnte Welt

Roses gewöhnliche Welt ist ziemlich trostlos: Sie kehrt mit ihrer Mutter und ihrem arroganten Freund nach Amerika zurück. Sie muss ihn heiraten, um ihre Familie vor dem finanziellen Ruin zu retten. Während die meisten begeistert an Bord der Titanic gehen, fürchtet sie jetzt schon das Ende der Reise – die Hochzeit.

2. Ruf des Abenteuers

Als sie jedoch Jack Dawson trifft, ändert sich alles für Rose. Als Künstler, der in günstigerem Zwischendeck unterwegs ist, scheint Jack für die gut betuchte Rose kein angemessener Umgang zu sein. Sie werden jedoch vom Schicksal zusammengeführt, als Jack Rose davon abhält sich umzubringen.

Nachdem Jack die ungewöhnliche Freundschaft mit Rose vertieft hat, versucht er sie dazu zu bringen, sich von ihrer kontrollierenden Mutter und ihrem schrecklichen Verlobten zu befreien.

3. Verweigerung des Rufs

Rose ist ein gut erzogenes Mädchen, deshalb versucht sie weiterhin Jack auf Abstand zu halten. Sie sträubt sich gegen Jacks persönliche Fragen zu ihren Gefühlen hinsichtlich Ihres Verlobten. Es fällt Jack nicht schwer, sie zu einigen Abenteuern an Bord des Schiffes zu überreden, da Rose die Gesellschaft ihres reichen Verlobten eher erträgt als zu genießen.

4. Begegnung mit dem Mentor

Diese Phase wird bereits im Schritt ‚Aufruf zum Abenteuer' behandelt. Es ist eindeutig, dass Jack während des gesamten Films Roses Mentor ist. Er drängt sie konsequent ihre eigene Stärke und Fähigkeit zu erkennen und anzunehmen, sich von allen familiären Bindungen und sozialen Konventionen zu befreien.

5. Überschreiten der ersten Schwelle

Rose gibt am Ende nach und macht sich auf den Weg zur Party in das Zwischendeck. Hier hat sie eindeutig eine bessere Zeit als mit den langweiligen Leuten aus der ersten Klasse. Rose gibt ihren Schutz auf, als sie Jack bittet sie nackt zu zeichnen.

Danach gehen die beiden in den Frachtraum des Schiffes und haben in einem dort gelagerten Auto leidenschaftlichen Sex.

6. Prüfungen, Verbündete, Feinde

Der Verlobte von Rose und sein Kammerdiener stellen fest, dass Rose mit Jack zusammen ist, und sind empört. Der Kammerdiener verbringt viel Zeit damit Jack von Rose fernzuhalten. Als das Schiff jedoch plötzlich auf einen Eisberg zusteuert, befinden sich alle in einer lebensbedrohlichen Situation.

Rose und Jack versuchen daraufhin dem Verlobten und dem Kammerdiener von dem dramatischen Ereignis zu berichten und sie zu warnen. Anstatt dies wertzuschätzen, konzentriert sich Rose Verlobter nur darauf, Jack von Rose zu trennen. Um dies zu erreichen, beschuldigt er Jack des Diebstahls, und sorgt dafür, dass dieser unter Deck festgehalten wird.

7. Annäherung an die Gefahr

Obwohl Rose vom Untergang des Bootes abgelenkt ist, und irgendwie an Jacks Unschuld zweifelt, merkt sie schnell, dass man Jack absichtlich die Schuld zugeschoben hat. Sie versucht verzweifelt Jack zu finden und zu befreien, bevor das Boot sinkt. Als sie Jack endlich findet und befreit, teilt sie ihm mit, dass sie eigentlich nie wirklich glaubte er sei ein Dieb.

8. Entscheidende Prüfung

Rose und Jack suchen verzweifelt einen Weg sich vom sinkenden Schiff zu retten. Der Verlobte und sein Kammerdiener versuchen Rose davon zu überzeugen, eines der Rettungsboote mit ihnen allein zu besteigen. Sie springt aber in letzter Minute ab.

Jack hilft Rose dabei, im eiskalten Wasser zu überleben, und bringt sie auf die Oberseite eines treibenden Holzstücks. Sie harren in der Kälte und Dunkelheit aus und hoffen, dass eines der Rettungsboote zurückkommt, um sie zu retten.

Während sie dort im kalten Wasser verweilen und Rose sich auf den Tod vorbereitet, muss sie Jack versprechen niemals aufzugeben, egal wie schwierig die Dinge werden.

9. Belohnung

Einige Zeit später ist Rose fast erfroren, als sie feststellt, dass ein Rettungsboot zurückgekommen ist, um nach Überlebenden zu suchen. Sie versucht Jacks Aufmerksamkeit zu erlangen, um ihn wissen zu lassen, dass sie gerettet werden, aber er ist bereits im Wasser erfroren.

Sie ist zutiefst traurig und verstört, aber sie erinnert sich an ihr Versprechen weiterzumachen, egal was passiert, und so bekommt sie letztendlich die Aufmerksamkeit des Rettungsboots und wird gerettet.

10. Der Weg zurück

Die Überlebenden der Titanic werden vom Schiff Carpathia aufgenommen. Es fährt mit den Überlebenden zurück nach New York City. Rose Verlobter ist ebenfalls auf dem Boot und sucht sie, aber es gelingt Rose ihm auszuweichen.

11. Auferstehung

Als die Carpathia in New York City ankommt, werden die Passagiernamen von der Einwanderungsbehörde erfragt. Rose erfindet sich neu, sie benutzt den Nachnamen von Jack und nennt sich nun Rose Dawson – zu Ehren von Jack.

12. Die Lehre / das Elixier

Am Ende des Films, als Rose in ihrem Bett im Sterben liegt, sehen wir Bilder von vielen anderen Abenteuern, die Rose noch bis zu ihrem Lebensende erfahren hat. Abenteuer, die niemals möglich gewesen wären, wenn Rose und Jack sich nicht getroffen hätten.

Sie erkannte durch ihn, dass sie die Macht besaß, sich von den Normen ihrer Mutter und ihrem Verlobten loszulösen, und Ihr eigenes Leben führen kann.

Wenden Sie die Reise des Helden auf Ihr eigenes Leben an

Im Wesentlichen geht es auf der Reise des Helden um die Suche nach Antworten, Klarheit, Wahrheit und der Erschaffung bedeutungsvoller Verhältnisse im Leben. Die Reise des Helden ist letztendlich eine Transformation, und wir sind alle Helden unserer eigenen Geschichte, egal wie wir uns gerade fühlen und wo wir uns im Moment befinden.

Unser Leben ist in gewisser Weise wie ein fertiges Drehbuch, das wir selbst geschrieben haben. Es ist bereits vor der Premiere ein Klassiker! Das Leben selbst ist die Uraufführung, in der wir die Rolle des Helden einnehmen.

Diese Sichtweise kann uns helfen, zum einen unsere Rolle anzunehmen und zum anderen den ‚Ruf des Abenteuers‘ zu akzeptieren. Ich weiß nicht wie es Ihnen geht, aber wenn mir ein Film so richtig unter die Haut geht, und mich bis zum Ende in seinen Bann zieht, dann war es ein guter Film.

> *„Die ganze Welt ist Bühne und alle Frauen und Männer bloße Spieler, sie treten auf und gehen wieder ab.“* - William Shakespeare

Ich lade Sie ein zu einem kleinen Gedankenexperiment. Stellen Sie sich für einen Moment vor Sie sind die Hauptfigur in einem großartigen Film, der gerade entsteht.

Sie haben das Drehbuch gelesen, Sie kennen Ihren Akt, Sie stehen auf der Bühne mit den anderen Darstellern, und die Klappe fällt: Film – Ihr Name, Szene 23, die Erste. Die Kamera läuft und wartet auf Ihren Einsatz. Sie zögern, Ihre Stimme verweigert den Dienst, das Scheinwerferlicht blendet, das Bühnenparkett knarzt, und abgesehen davon verspüren Sie eine klägliche Leere in Ihrem Magen.

Zwei Stunden später: der Schweinebraten liegt noch etwas schwer im Magen, die Scheinwerfer sind jetzt neu justiert, und man hat die Szene auf die andere Seite der Bühne verlagert – dort gibt der Boden weniger Geräusche von sich. Die Klappe fällt: Film – Ihr Name, Szene 23, die Zweite. Sie holen gerade Luft für den ersten Satz aus Ihrem Skript als plötzlich ein Gedanke durch Ihren Kopf schießt: „Das Skript ist doch Scheiße! Ich habe es von Anfang an schon nicht gemocht."

Es folgt eine 30 Minuten lange hitzige Debatte mit dem Direktor. Sie sind zutiefst unzufrieden mit Ihrer Rolle, und so geht das weiter – Stunde um Stunde, Tag für Tag. Eine endlose Tragödie, die man ohne Weiteres auch als Film inszenieren könnte – wäre sie nicht so monoton und langweilig.

Nicht anders verhalten wir uns oft in unserem Leben. Wir verweigern es, unser selbst geschriebenes Drehbuch anzunehmen. Warum? Weil wir glauben, dass es von jemand anderem geschrieben wurde. Von wem, das wissen wir nicht. Manche glauben es war Gott persönlich – was uns aber auch nicht weiterhilft!

Da wir keine Antwort auf diese Frage finden, bleiben wir nicht selten ein Leben lang in der Verweigerung unsere Rolle anzunehmen.

Der Ruf zum Abenteuer – es kann ein einziger Gedanke sein

Ich kann mich noch gut an den Moment im Flugzeug erinnern, als ich meinen Ruf zum Abenteuer bekam. Es passierte auf dem Rückflug von Hawaii nach Deutschland. Nachdem ich über drei Jahre lang meine Firma aufgebaut hatte, gönnte ich mir endlich meinen verdienten Urlaub.

Es war ein einziger Gedanke, der die nächsten 20 Jahre meines Lebens auf drastische Weise verändern würde. Ich hatte gerade sechs Wochen auf Maui verbracht, und mich schon am ersten Tag in diese grandiose Insel verliebt.

10.000 Meter vom Boden entfernt, traf mich dieser Gedanke wie ein Blitz aus heiterem Himmel: „Thomas, wenn Du diese Insel so liebst, warum lebst Du dann nicht dort?". Absolute Stille…wie bitte?

Natürlich gab es 1000 Gründe, die dagegen sprachen, aber mir war in diesem Moment auch klar, dass diese Gründe nichts anderes waren als Facetten meiner tiefsten Angst. Es dauerte noch ein ganzes Jahr, bis ich Deutschland verließ, und meine Abenteuerreise startete. Es war nicht einfach.

Viele Freunde verstanden nicht, dass ich gerade jetzt, wo meine Firma erfolgreich war, alles aufgab und ich meiner Heimat den Rücken kehrte.

Die eine Seite von uns braucht Stabilität und Sicherheit, die andere braucht Veränderung und Lebendigkeit. Ein Gefühl der Harmonie in unserem Leben stellt sich nur dann ein, wenn wir diese Gegensätze ernst nehmen, und zwischen beiden Stadien ein Equilibrium erschaffen.

Dieses Equilibrium ist nicht statisch, sondern pendelt ständig in einem vorgegebenen Rahmen. Ähnlich wie ein Thermostat, der in einem Raum eine Temperatur von z. B. 21 Grad vorgibt. Die gemessene Temperatur im Raum wird zwischen 20 Grad und 22 Grad pendeln. Wenn die Temperatur unter 20 Grad fällt, schaltet die Heizung an – hat sie 22 Grad erreicht, schaltet sie sich wieder ab.

Jeder bekommt seine Aufforderungen zur Heldenreise und es sieht meistens nicht nach Abenteuer aus. Ganz im Gegenteil! In den meisten Fällen bedeutet es zurückzulassen, was man am meisten liebt. Nicht selten zeigt sich dieser Moment im Leben als Ausdruck der größten Angst.

Diese Verweigerung unser ‚Drehbuch' anzunehmen, basiert häufig darauf, dass wir als Erwachsene unsere Komfortzone nicht mehr verlassen wollen. Wir sind bequem geworden, und wollen keinerlei Risiken mehr eingehen.

Wenn es irgendwie machbar wäre, dann wäre unser größter Wunsch durch einen einzigen Fingerschnipp sofort alle widrigen Umstände im Leben zu beseitigen, und ebenso alle weiteren Wünsche augenblicklich zu erfüllen.

Viele Menschen wünschen sich diese omnipotenten Kräfte, ohne sich deren Konsequenzen bewusst zu sein. Einfach mit den Fingern schnippen und schon steht das neue Wunschauto vor der Tür. Nochmal schnippen und das Wunschgehalt ist auf dem Konto – besser noch – endlich den langersehnten Lottogewinn einstreichen. Endlich selbstständig sein, und nicht länger die Launen des Vorgesetzten einstecken.

Moment mal, wozu eigentlich noch arbeiten? Am besten gleich mit dem perfekten Partner und dem Traumhaus auf die Philippinen ,beamen'. Nie mehr Sorgen haben, nie mehr eine Grippe einfangen, so viel Essen wie man möchte ohne dick und rund zu werden, und auf alle Ewigkeit glücklich und zufrieden sein.

Was glauben Sie, wie lange Sie das genießen könnten?

Das omnipotente Wesen ‚Q' in Star Trek

Sollten Sie sich für Science Fiction interessieren, dann haben Sie sicherlich schon mal eine Folge, oder einen Film aus der Star-Trek Reihe[24] gesehen. Fans kennen sicherlich das Wesen ‚Q', das in insgesamt zwölf Folgen[25] erscheint – oder soll ich sagen – sein Unwesen treibt. Q ist ein Wesen, das dem Q-Kontinuum angehört, eine nahezu omnipotente Spezies, die Zeit, Raum und Materie fast beliebig verändern kann.

Daher können Q-Wesen auch in der Zeit rückwärts reisen, Gedanken manipulieren, und Materie ihrem Willen unterwerfen.

Ein Q ist nach eigener Aussage unsterblich, deshalb können sie nicht auf natürliche Weise sterben. Wenn sie sich entscheiden, als niedere Lebensform zu existieren, sind sie verletzlich und können wie Menschen ableben. Q ist fasziniert von der Frage was die Menschen antreibt, sich zu entwickeln und zu forschen.

Er spielt gerne, vor allem mit der Macht, die er besitzt.

Q stellt bei seinem Erstkontakt mit der Menschheit die Crew der Enterprise vor Gericht. Die Anklage lautet: „Menschen sind eine ungewöhnlich wilde Rasse". Er fordert von der Crew einen eindeutigen Beweis, dass sie sich weiterentwickelt haben, ansonsten würde er die Menschheit auslöschen. Die Crew besteht den Test, aber Q erscheint danach in anderen Episoden immer wieder, um mit der Crew neue Spielchen zu treiben.

Was für Q aus reiner Langweile entsteht, stellt für die Crew der Enterprise ein Kampf um Leben und Tod dar. Einmal Fingerschnippen von Q reicht aus, um die gesamte Crew ins Mittelalter zu befördern, um dann genüsslich mit anzusehen, wie die Crew die neue Situation meistert. Die Arroganz mit der Q ein ganzes Universum verschwinden lässt ist nicht zu überbieten.

Er treibt seinen Schabernack seit tausenden von Jahren, und hat am Ende alle jemals erdenklichen Situationen mit einem Fingerschnippen erzeugt. Q bittet letztendlich bei der höchsten Instanz darum endlich sterben zu können, da er die Langeweile nicht länger ertragen kann.

Haben wir unsere Rollen selbst geschrieben?

Entscheiden wir uns für die Idee, dass wir unsere Rolle selbst geschrieben haben, dann gleicht dies dem ersten Strahl eines Sonnenaufgangs. Wir haben nichts weiter zu tun, als unser Augenmerk auf das Licht der Sonne zu richten, und sie wird uns von Morgengrauen bis Sonnenuntergang mit ihrer Wärme erfüllen und unseren Weg weisen.

Es ist eine grundlegende Entscheidung, die alle Aspekte unserer Erfahrung in einem anderen Licht erscheinen lässt.

Wenn wir davon ausgehen, dass wir die Rolle selbst geschrieben haben, dann ist es nur eine logische Schlussfolgerung sie auch ganz anzunehmen. Ihr Einwand, dass Sie sich nicht erinnern können, die Rolle jemals geschrieben zu haben, liegt auf der Hand. Falls Sie sich erinnern könnten, würde es einen Unterschied machen? Wird Ihr Drehbuch dadurch besser, wenn Sie Ihr Skript Tag um Tag verweigern?

In jedem Menschen steckt ein enormes kreatives Potenzial. Den meisten von uns wird es nicht auf einem silbernen Tablett geliefert, sondern zeigt sich meist von seiner Schattenseite, in Form von Angst.

Die Angst ist der Ruf zum Abenteuer.

Zum Thema Heldenreise gibt es mittlerweile auch eine Vielzahl von Seminaren, Fortbildungen und sogar Storytelling Ausbildungen.

Die links zu den einzelnen Angeboten finden Sie auf meiner Webseite thomashcrold.com.

Nachwort

„Unsere größte Angst ist nicht, dass wir unzureichend sind. Unsere größte Angst ist, dass wir unermesslich mächtig sind. Es ist unser Licht, nicht unsere Dunkelheit, das uns am meisten erschreckt.“
- Marianne Williamson (Autorin, Lehrerin und Aktivist)

Je mehr wir die uns gegebene Rolle, und unsere Mitspieler annehmen, umso mehr erleben wir ‚unsere Bühne‘ als ein himmlisches Geschenk. Die Bereitschaft Ihre Lebensbühne vollends anzunehmen, ist unabhängig von Ihrem finanziellen Status, von Ihrem Alter, oder von Ihrer Gesundheit.

Sie ist nicht von äußeren Einflüssen abhängig, sondern einzig und allein von Ihrer Entscheidung, die Heldenreise anzunehmen.

Was ist Ihre Geschichte?

Gratis Hörbuch

Wussten Sie, dass Einsteins wichtigste Entdeckung nicht die Relativitätstheorie war? Erfahren Sie sein erstaunliches Geheimnis und damit den Schlüssel für Freiheit und Erfüllung in Ihrem Leben. Holen Sie sich jetzt das kostenloses Hörbuch!

Bitte diese Webseite notieren und in Ihrem bevorzugten Browser eingeben:

thomasherold.com/audiobuch-geschenk

Weitere Bücher von Thomas Herold

Einsteins Wichtigste Erkenntnis
Warum die Antwort auf eine einzige Frage
Ihr Leben entscheiden kann

Wussten Sie, dass Einsteins wichtigste Entdeckung nicht die Relativitätstheorie war? Erfahren Sie sein erstaunliches Geheimnis und damit den Schlüssel für Freiheit und Erfüllung in Ihrem Leben.

Diese Antwort – ob bewusst oder unbewusst getroffen – beeinflusst alle Aspekte Ihres Lebens! Sie prägt das allgemeine Lebensgefühl und Ihre Grundhaltung zum Leben selbst.

Würde ich Ihnen jetzt unmittelbar diese elementare Frage auf dem silbernen Tablett präsentieren, dann wäre das etwa so, als ob ich Ihnen nur die letzte Seite eines überaus spannenden Romans zu lesen gäbe. Stellen Sie sich vor, Sie sehen nur die letzten fünf Minuten eines spannenden Krimis. Sie werden keinerlei Bezug zum Film haben. Der tiefere Sinn, die Zusammenhänge, und der emotionale ‚Spaßfaktor‘ bleiben auf der Strecke.

In diesem Buch werden Sie Einsteins wichtigste Entdeckung erfahren. Eine Entdeckung die für Jahrzehnte verborgen blieb und es vor kurzer Zeit veröffentlicht wurde.

Einsteins wichtigste Erkenntnis ist die Grundlage, aus der sich Ihr Lebensziel ergibt:

- Ein Ziel, das niemals mit einem anderen Ziel in Konflikt steht
- Ein Ziel, das Sie Ihr Leben lang begleitet
- Ein Ziel, das Sie motiviert ohne sich motivieren zu müssen
- Ein Ziel, das Ihnen Sicherheit und Vertrauen schenkt
- Ein Ziel, das Sie niemals vergessen werden
- Ein Ziel, das Sie mit anderen Menschen auf tiefster Ebene verbindet
- Ein Ziel, das eine dauerhafte Quelle für Inspiration und Freude ist

Wie finde ich mein Ziel im Leben am besten heraus?

Erfolgreiche Ziele, und solche die auch die meiste innere Zufriedenheit mit sich bringen, sind Ziele die über Ihre Person hinausgehen. Je mehr das Ziel andere mit einschließt, und je mehr das Ziel anderen dient, desto erfüllter werden Sie sein.

Anstatt Sie also mit endlosen Zielvariationen und Zielsystemen zu konfrontieren, möchte ich Sie auf eine Reise mitnehmen, an deren Ende Sie genau wissen, was das wichtigste Ziel (Entscheidung) in Ihrem Leben ist.

Erhältlich bei Amazon als E-Buch, Taschenbuch und Hörbuch.

Moderne Geldschöpfung
Geld aus dem Nichts und der Zinstrick der Zentralbanken

Fragen Sie sich gelegentlich auch warum alles ständig teurer wird?
Warum Wohnraum in den letzten Jahren unbezahlbar geworden ist, und weshalb Ihr Geld auf der Bank täglich weniger wird?

Schafft Geld Wohlstand?

Seit der Corona-Krise laufen die Druckpressen aller Zentralbanken heiß. Es wird weltweit mehr Geld gedruckt als je zuvor, und das weltweite Finanzsystem steht vor der größten Herausforderung seiner Geschichte. Der Finanzcrash 2008 war bereits ein Indikator für die kommende Endphase.

Wenn Banken zusätzliches Geld drucken, ohne das mehr Waren und Dienstleistungen zur Verfügung stehen, dann wird das gesamte Geld auf dem aktuellen Markt abgewertet. Es bedeutet, dass Sie plötzlich weniger kaufen können, selbst wenn der Euroschein in Ihrer Hand denselben Wert zeigt.

Dieser Prozess wird Inflation genannt, und ist das Hauptinstrument der Banken, um Geld aus dem Nichts zu verdienen. Es ist außerdem die wirksamste und auch hinterlistigste Art Ihr Geld zu entwerten, und nichts anderes als Betrug.

Wie entsteht modernes Geld?

Die Geldschöpfung im 21. Jahrhundert ist mittlerweile äußerst komplex geworden, und Sie werden nur mit erheblichem Zeitaufwand und größter Anstrengung durchschauen, wie sie im Detail funktioniert.

Wäre es einfach zu durchschauen, dann würde das Vertrauen in unser modernes Geld noch schneller als bisher schwinden, und ein globaler Aufstand gegen das bestehende Geldsystem würde sich beschleunigen.

Wie moderne Geldschöpfung genau funktioniert, und weshalb wir vor der größten Revolution in der Geschichte des Geldes stehen, erfahren Sie in diesem Buch.

Erhältlich bei Amazon als E-Buch, Taschenbuch und Hörbuch.

Zeitenwende 2020

Prognose und Wegweiser zum Aufbruch in ein neues Zeitalter

Spätestens Ende April 2020 muss jedem klar gewesen sein, dass wir in einer außerordentlichen Krise stecken. Covid-19 diente dabei als Brandbeschleuniger für die Wirtschaft, und hat eine weltweite wirtschaftliche Brandrodung, die schon Jahre zuvor loderte, in Gang gebracht.

Was vielleicht nur wenige in 2020 sehen können, ist das Ausmaß dieser Krise.

Was ist eine Zeitenwende?

Eine Zeitenwende stellt einen Umbruch im historischen Geschehen dar. Um kollektive Veränderungen besser zu verstehen und damit umzugehen, hat der Mensch schon seit jeher verschiedene Methoden der Prognostik benutzt.

Prognostik bedeutet, dass wir uns Mittel und Instrumente bedienen, welche zeitlich wiederkehrende Zusammenhänge aufzeigen und verdeutlichen. Wir können uns damit auf kommende Veränderungen besser einstellen und Fehlverhalten vermeiden.

Welche Veränderungen kommen?

In diesem Buch werden Sie aufschlussreiche Einblicke in den Bereich der Prognostik erfahren. Sie werden dadurch weitaus besser verstehen, weshalb bis ins Jahr 2025 massive globale Veränderungen auf uns zukommen werden. Diese Neugestaltung wird soziale, wirtschaftliche und auch die politische Ebene betreffen.

Erhältlich bei Amazon als E-Buch, Taschenbuch und Hörbuch.

Anmerkungen

1 https://www.meetcortex.com/blog/the-history-of-storytelling-in-10-minutes

2 https://de.france.fr/de/news/artikel/die-grotte-chauvet-pont-arc

3 https://thomasherold.com/meta-ziel-leben/

4 https://de.wikipedia.org/wiki/Homer

5 https://jurclass.de/jurclass/griechisch/hexameter/hexameter00.html

6 https://de.wikipedia.org/wiki/Bibel

7 https://www.inhaltsangabe.de/autoren/shakespeare/

8 http://www.grimms.de/de/content/wer-waren-die-br%C3%BCder-grimm

9 https://de.wikipedia.org/wiki/Antoine_Galland

10 https://www.swr.de/film/das-kalte-herz/-/id=5791128/did=25226476/nid=5791128/d0gxix/index.html

11 https://www.netflix.com/de/title/80239565

12 https://de.wikipedia.org/wiki/Giacomo_Rizzolatti

13 http://www.berufsberater.at/docs/37/downloads/spiegelneuronen.pdf

14 https://www.jcf.org/

15 https://dietergeorgherbst.de/

16 https://www.amazon.de/Storytelling-Dieter-Herbst/dp/386764439X

17 https://www.amazon.de/Heros-tausend-Gestalten-insel-taschenbuch/dp/3458357734

18 https://www.amazon.de/dp/3861502941

19 https://thomasherold.com/meta-ziel-leben/

20 https://lexikon.stangl.eu/151/archetypen/

21 https://wirelesslife.de/schattenarbeit/

[22] https://thomasherold.com/meta-ziel-leben/

[23] https://de.statista.com/statistik/daten/studie/2272/umfrage/die-15-erfolgreichsten-filme-aller-zeiten/

[24] https://memory-alpha.fandom.com/de/wiki/Q

[25] https://www.startrek-index.de/tv/cdb/q.html